Thorben Plaumann

Geschäftsprozessoptimierung am Beispiel einer Hotel-Ei

I0013270

GRIN - Verlag für akademische Texte

Der GRIN Verlag mit Sitz in München hat sich seit der Gründung im Jahr 1998 auf die Veröffentlichung akademischer Texte spezialisiert.

Die Verlagswebseite www.grin.com ist für Studenten, Hochschullehrer und andere Akademiker die ideale Plattform, ihre Fachtexte, Studienarbeiten, Abschlussarbeiten oder Dissertationen einem breiten Publikum zu präsentieren.

Thorben Plaumann

Geschäftsprozessoptimierung am Beispiel einer Hotel-Einkaufsabteilung

GRIN Verlag

Bibliografische Information der Deutschen Nationalbibliothek: Die Deutsche Bibliothek
verzeichnet diese Publikation in der Deutschen Nationalbibliografie; detaillierte bibliografische Daten sind im Internet über http://dnb.d-nb.de/ abrufbar.

1. Auflage 2008
Copyright © 2008 GRIN Verlag
http://www.grin.com/
Druck und Bindung: Books on Demand GmbH, Norderstedt Germany
ISBN 978-3-638-93494-7

Universität Hamburg

Große Hausarbeit:

Geschäftsprozessoptimierung einer Hotel Einkaufsabteilung

von Thorben Plaumann

Wirtschaftsinformatik 3
Abgabe: 22.Jan. 2008
Sommersemester 2007

Inhaltsverzeichnis

Abkürzungen

IT   = Informationstechnologie

GPM   = Geschäftsprozess Management

eEPK   = erweiterte Ereignisgesteuerte Prozesskette

WFMS   = Workflow-Management-System

ARIS   = Architektur integrierter Informationssysteme

Abbildungen

1 Einleitung

1.1 Problemstellung

Mit der steigenden Verbreitung von Informationstechnologie (IT) in Unternehmen und immer komplexer werdenden Geschäftsprozessen in der Hotel- und Gastronomiebranche, finden sich Hotels in einer häufig wechselnden Umwelt wieder. Kunden verändern ständig Ihre Wünsche und Erwartungen an Produkte und Dienstleistungen. Aufgrund der Globalisierung wächst der Wettbewerbsdruck in der Hotel- und Gastronomiebranche, was zur Folge hat, dass der Bedarf an ganzheitlich unterstützenden integrierenden Konzepten steigt. Die Wirtschaftsinformatik liefert unter anderem mit Geschäftsprozess Management (GPM) einen solchen Ansatz und untersucht Beziehungen zwischen betriebswirtschaftlichen Abläufen und der Informations- und Kommunikationstechnik. Das Ziel von GPM ist es, die Geschäftsprozesse eines Unternehmens zu analysieren, restrukturieren und dann optimal zu gestalten [OsFr06, 7f, 10f, 18f; Gada05, 4].

Die vorliegende Arbeit beschäftigt sich mit GPM in einem Hamburger Hotel und dessen Einkaufsabteilung. Die Zahl der Übernachtungen in Hamburg verzeichnet seit 2002 einen Zuwachs von über 50% und im Jahr 2006 verbrachten 3,8 Mio. Gäste fast 7,2 Mio. Nächte in Hamburg. Ein Ende dieses Trends ist aufgrund von Zukunftsprojekten, wie die Auswandererwelt Hamburg-Ballin-Stadt, das internationale Maritime Museum Hamburg oder die Elbphilharmonie nicht in Sicht [Hamb07a, 2]. Seit 2002 stehen dieser Entwicklung 22 neu eröffnete Hotels in Hamburg mit insgesamt über 3000 Zimmern und über 6000 Betten gegenüber, wobei zehn, wie das Hotel dieser Arbeit, eine Klassifizierung von vier oder fünf Sternen tragen und somit direkte Konkurrenten in einem wichtigen Gästebereich bedeuten [Hamb07b]. In der Hotel- und Gastronomiebranche sind viele Geschäftsprozesse durch den über allen stehenden Servicegedanken bereits auf den

Kunden hin optimiert und die Reduzierung der Personalkosten durch Lohnsenkungen weitgehenst ausgeschöpft. Um die Wettbewerbsfähigkeit zu gewährleisten, dem Kostendruck standzuhalten und die auf Individualisierung ausgerichteten Kundenwünsche weiterhin befriedigen zu können, müssen auch Unterstützungsprozesse, die im vorliegenden Beispiel die Prozesse einer Einkaufsabteilung sind, optimiert werden.

1.2 Aufbau der Arbeit

Zu Beginn der Arbeit soll der Leser in die allgemeinen Aspekte des Themas eingeführt werden. Daher werden in diesem Teil der Arbeit die grundlegenden Informationen über Geschäftsprozess Management, Business Reengineering, Geschäftsprozess Konzeption, Geschäftsprozess, Workflow und der Geschäftsprozessmodellierung erläutert. Es werden dabei deren zentrale Merkmale vor allem aus betriebswirtschaftlicher Sicht im Mittelpunkt stehen.

Anschließend wird das in dieser Arbeit untersuchte Hotel unter anderem anhand eines Organigramms beschrieben und der interne Aufbau des Hotels dargestellt.

Der vierte bis sechste Abschnitt der Arbeit stellt den inhaltlichen Schwerpunkt dar, wobei im vierten Abschnitt die Beschreibung der Ist-Geschäftsprozesse der Einkaufsabteilung formal und anhand der in ARIS modellierten erweiterten Ereignisgesteuerten Prozessketten (eEPK) erfolgt. Im Anschluss erfolgt eine Beschreibung der Schwachstellen dieser Geschäftsprozesse, welche dann im sechsten Abschnitt optimiert und anhand von eEPKs dargestellt werden. Das abschließende Fazit beurteilt die bearbeitete Thematik.

1.3 Zielsetzung

Ziel dieser Arbeit ist es zum einem, dem Leser einen Einblick in die Thematik des GPM zu geben, sowie durch die Optimierung der Einkaufsabteilung zu verdeutlichen, wie mittels GPM Geschäftsprozesse effizienter, schlanker und schneller gestaltet werden und Doppelbearbeitung und Warte-/Liegezeiten vermieden werden können. Es werden Kosteneinsparpotentiale, wie z.b. Vermeidung von Skontoverlusten durch zu späte Zahlungen, aufgezeigt, sowie wird die Finance & Accounting Abteilung mittels eines Workflow-Systems der Hotel Group schnellere und effizientere Monats- und Jahresabschlussdaten liefern können.

2 Geschäftsprozess Management

2.1 Abgrenzung zu Business Reengineering

Business Reengineering und GPM sind, obwohl die Begriffe oft synonym verwendet werden, unterschiedliche Ansätze zur Rekonstruierung von Geschäftsprozessen eines Unternehmens [Gada07, 21]. Das in den 90er Jahren von Hammer und Champy entworfene Konzept des Business Reengineering steht für einen Managementansatz des völligen Neubeginns und einer radikalen Veränderung bestehender Strukturen. Hammer und Champy definieren Business Reengineering als fundamentales Überdenken und radikales Redesign von Unternehmen oder wesentlichen Unternehmensprozessen, um Verbesserungen in den Leistungsgrößen Kosten, Qualität, Service und Zeit zu erzielen. Der Grundgedanke des Business Reengineering besteht in der Abkehr von der aufbauorganisatorischen Unternehmung und Hinwendung zur Prozessorientierung: Man spaltet funktionale Prozessaktivitäten auf und führt sie zu sich ergänzenden Prozessketten zusammen [HaCh94, 12, 48, 67ff].

Business Reengineering ist ein radikales Konzept, welches auf grundlegende Veränderungen abzielt. Nicht die Optimierung bestehender Prozesse, sondern die grundlegende Neuformulierung ist das Ziel. Es beinhaltet mehr Chancen, aber auch mehr Risiken als GPM [OsFr06, 255f]. Das GPM zielt dagegen eher auf eine inkrementelle Veränderung ab, die in kleinen, überschaubaren und weniger riskanten Schritten realisiert wird. Zielsetzung ist die nachhaltige Verbesserung der Wettbewerbsfähigkeit durch die Ausrichtung aller wesentlichen Arbeitsabläufe an den Kundenanforderungen. Dieses bedeutet eine Fokussierung auf diejenigen Geschäftsprozesse, welche direkt durch Kundenaktionen ausgelöst werden. Wesentliche Ziele des GPM sind die Verkürzung der Durchlaufzeiten und Verbesserung der Prozessqualität [Gada07, 21f, 30f].

2.2 Konzeption

Der Gestaltungsrahmen von GPM umfasst in diesem vorgestellten Konzept die strategische, die fachlich-konzeptionelle sowie die operative Ebene [TiGa07, 143].

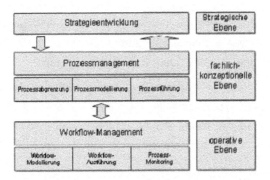

Abbildung 2-1; Geschäftsprozessmanagement-Konzeption, [TiGa07, 143]

Auf der **strategischen Ebene** wird die Unternehmensstrategie entwickelt und die Geschäftsfelder eines Unternehmens betrachtet [TiGa07, 143].

Auf der **fachlich-konzeptionellen Ebene** werden die Prozesse im Rahmen des Prozessmanagements abgebildet und unterteilen sich in drei Phasen: Die **Prozessabgrenzung**, welche die Prozessentstehung beschreibt, in der die Prozesskandidaten für jedes Geschäftsfeld abgeleitet, bewertet und die zu modellierenden und zu implementierenden Prozesse ausgewählt werden. Im praktischen Teil dieser Arbeit werden diese in Abbildung 3-1 anhand einer Wertschöpfungskette dargestellt. Die **Prozessmodellierung**, in der Realitätsauschnitte aus einem Geschäftsfeld unter einer fachlich-konzeptionellen Perspektive mittels Geschäftsprozessen abgebildet werden und in dieser Arbeit die Modelle der Abbildung 0-2 und 0-8 darstellen. Sowie die **Prozessführung**, deren Ziel die Ausrichtung der Prozesse an vorgegeben Messgrößen für den Prozesserfolg ist und die je

5

nach Umfang der ermittelten Erfolgsdefizite eine Re-Modellierung erforderlich machen kann [TiGa07, 143f].

Die **operative Ebene** beinhaltet das Workflow Management und wird in folgende drei Phasen unterteilt: Die **Workflow-Modellierung**, der Hauptbestandteil der Re-Modellierung im praktischen Teil dieser Arbeit, sie folgt der Prozessmodellierung und erweitert diese um Spezifikationen, die für eine automatisierte Prozessausführung unter der Kontrolle eines Workflow-Management-Systems (WFMS) notwendig sind. Der **Workflow-Ausführung**, welche die Erzeugung und den Durchlauf von Prozessobjekten unter der Kontrolle eines WFMS beinhaltet und die **Prozess-Monitoring** welche der laufenden Überwachung des Prozessverhaltens dient. [TiGa07, 144].

2.3 Geschäftsprozess

In der Fachliteratur sind verschiedenste Definitionen von unterschiedlichen Autoren zum Begriff „Geschäftsprozess" zu finden:

Im Rahmen des Business Reengineering definieren Hammer und Champy den Geschäftsprozess „als Bündel von Aktivitäten, für das ein oder mehrere unterschiedliche Inputs benötigt werden und das für den Kunden ein Ergebnis von Wert erzeugt" [HaCh94, 52].

Scheer und Jost, Gründer der IDS Scheer AG verstehen unter einem Geschäftsprozess, eine zusammengehörende Abfolge von Unternehmungsverrichtungen mit dem Ziel ein Ergebnis oder eine Leistung für einen internen oder externen Kunden zu erstellen. Ein Geschäftsprozess trägt einen wesentlichen Beitrag zur Wertschöpfung der Unternehmung bei [Sche02b, 3].

Nach Österle ist der Geschäftsprozess eine Abfolge von Aufgaben, die über mehrere organisatorische Einheiten verteilt sein können und deren

6

Ausführungen von IT- Anwendungen unterstützt wird. Ein Prozess produziert und konsumiert Leistung und verfolgt die von der Prozessführung gesetzten Ziele (Soll- Werte) und vergleicht das Ergebnis (Ist- Werte) [Öste95, 19].

Zusammenfassend lässt sich ein Geschäftsprozess wie folgt erklären: Ein Geschäftsprozess ist **kundenorientiert,** da er durch konkrete Anforderungen der Kunden bestimmt und weiterentwickelt wird. Er besitzt einen **Wertschöpfungseffekt,** in dem er beim Kunden als auch bei der leistungserstellenden Organisation einen Nutzen hervorruft und er besitzt einen **berichtsübergreifenden Verlauf,** da er meist nicht auf eine Organisationseinheit beschränkt ist. Der Geschäftsprozess ist eine Abfolge von **Aktivitäten** und wird durch einen **Input** angestoßen [TiGai07, 29].

Des Weiteren wird der Geschäftsprozess in eine der folgenden drei Kategorien eingeordnet. Dabei wird je nach Abhängigkeit von der Nähe zum Kerngeschäft eines Unternehmens zwischen Steuerungsprozess (Führungsprozess), Kerngeschäftsprozess (Primärprozess) und Unterstützungsgeschäftsprozess (Querschnittsprozess) differenziert [Gada05, 39ff; OsFr06, 34ff].

Der Steuerungsprozess plant, kontrolliert und koordiniert Kern- und Unterstützungsgeschäftsprozesse [Gada05, 39ff; OsFr06, 34ff].

Der Kerngeschäftsprozess ist ein Geschäftsprozess mit einem hohen Wertschöpfungsanteil, welcher konsequent auf die bedeutendsten strategischen Faktoren des Unternehmens ausgerichtet wird. Er ist wettbewerbskritisch, reicht von den Schnittstellen der Lieferanten bis zu den Schnittstellen der Kunden und sollte, je nach Unternehmensgröße, eine Gesamtanzahl von fünf bis acht Kerngeschäftsprozessen nicht überschreiten. Typische Beispiele sind Auftragsbearbeitung, Produktentwicklung, Produktion, Distribution und Service [Gada05, 39ff; OsFr06, 34ff].

Geschäftsprozesse wie z.B. Gebäudemanagement, Finanzbuchhaltung, Berichtswesen, Personalwesen oder die in dieser Arbeit behandelten Prozesse, besitzen keinen oder nur einen geringen Wertschöpfungsanteil. Außerdem sind sie nicht wettbewerbskritisch und haben für den externen Kunden keinen unmittelbar wahrnehmbaren Nutzen. Werden diese Prozesse im Zuge des Outsourcing nicht ausgelagert, so werden sie von den Kerngeschäftsprozessen getrennt und als Unterstützungsprozesse deklariert. Dadurch werden die Kerngeschäftsprozesse überschaubarer und die Konzentration auf die unternehmenseigenen Stärken verringert die Komplexität der eigenen Wertschöpfungskette[Gada05, 39ff; OsFr06, 34ff].

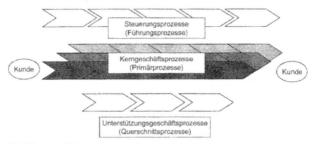

Abbildung 2-2; Kern und Unterstützungsprozesse, [TiGa07, 150]

2.4 Workflow

Die Workflow-Management-Coalition befasst sich seit 1993 mit Standards in dem Bereich Workflow-Management. Sie verstehen unter einem Workflow einen „ganz oder teilweise automatisierten Geschäftsprozess, in dem Dokumente, Informationen oder Aufgaben von einem Teilnehmer an einen anderen zur Ausführung entsprechend einer Menge von prozeduralen Regeln übergeben wird" [Gada07, 53].

Nach Scheer ist ein Workflow ein betriebswirtschaftlicher Geschäftsprozess, der in die Werkzeuge der IT umgesetzt, automatisiert und durch eine WFMS verwaltet wird; eine detaillierte, auf den einzelnen Vorgangstyp bezogene Beschreibung des Ablaufes ist charakteristisch [Sche95, 718f; Sche02b, 87f].

Österle beschreibt den Workflow ausgehend von einem Prozessentwurf auf der Makro-Ebene als die detaillierteste Form eines Prozesses der Mikro-Ebene, für die der Computer anstelle der Führungskraft die Ablaufsteuerung ausführt. Der Workflow ist eine Aufgabenkette zur Vorgabe für ein WFMS, welches die Koordination der Aufgaben anstelle eines Prozessmitarbeiters übernimmt [Öste95, 45, 50, 105].

Zusammenfassend lässt sich ein Workflow wie folgt erklären: Ein Workflow ist ein formal beschriebener, ganz oder teilweise automatisierter Geschäftsprozess, der die notwendigen Spezifikationen, die für eine automatische Steuerung des Arbeitsablaufes auf der operativen Ebene erforderlich sind, beinhaltet. Die Arbeitsschritte sind zur Ausführung durch Mitarbeiter oder durch Anwendungsprogramme vorgesehen [Gada07, 53].

Workflows lassen sich des Weiteren hinsichtlich des Strukturierungsgrades und des Grades der Computerunterstützung in Allgemeiner Workflow, Fallbezogener Workflow und Ad hoc Workflow unterteilen. Der allgemeine Workflow betrifft gut strukturierte Arbeitsabläufe, die sich in hohem Grade automatisieren oder durch IT-Systeme unterstützen lassen. Der fallbezogene Workflow, der auch im optimierten Teil dieser Arbeit behandelt wird, kennzeichnet Arbeitsabläufe, die nicht vollständig standardisierbar sind. Dieser Workflow weist mehr Freiheit für die Bearbeiter auf, da einzelne Schritte übersprungen oder modifiziert werden können. Der Übergang vom allgemeinen Workflow zum fallbezogenem Workflow ist fließend. Ad hoc Workflows sind unstrukturierte Prozessschritte, deren Abfolge sich vorab nicht bestimmen lässt [Gada07, 55f].

2.5 Geschäftsprozessmodellierung

2.5.1 Modellierung

Hansen/ Neumann definieren wie folgt:

Modell: „Abstraktion des betrachteten Realitätsausschnittes, die entweder in natürlich sprachlicher Form oder durch eine formale Sprache (Modellierungssprache) dokumentiert und kommuniziert wird" [HaNe02, 232].

Modellierung: „Prozess zur Erstellung eines Modells. Unter der Modellierung werden die Tätigkeiten verstanden, die zur Definition eines Modells führen. Für die Modellierung existiert eine Fülle von Modellierungssprachen, die sehr unterschiedliche Ausdrucksmöglichkeiten bieten und meist eine graphische Notation haben" [HaNe02, 232].

Für die Modellierung von Geschäftsprozessen sind zwei Ebenen relevant, die Ebene der fachlich-konzeptionellen Prozessmodellierung und die operative Ebene der Workflow-Modellierung [Gada07, 73].

2.5.2 Modellierungsmethoden

Heute gibt es zahlreiche Methoden um Geschäftsprozesse zu dokumentieren und formal zu beschreiben. Sie lassen sich in skriptbasierte Methoden und diagrammbasierte/ graphische Methoden unterteilen. Skriptsprache arbeitet mit einer an der Programmiersprache angelehnten Notation und hat so eine hohe Präzision der Modellspezifikation. Die Anschaulichkeit, gerade für Nichtinformatiker ist deshalb sehr gering und setzt Methodenkenntnisse voraus. Die in der Betriebswirtschaft verwendete natürliche Sprache besitzt dagegen Nachteile in ihrer fehlenden Eindeutigkeit und Vollständigkeit, wodurch Widersprüche entstehen. Aus diesem Grund wurden diagrammbasierte Methoden entwickelt, die über eine festgelegte Syntax und Semantik verfügen und mit einer graphischen Notation arbeiten. Die Abbildung 2-3 zeigt eine von Gadatsch ausgewählte Übersicht über ausgewählte Diagrammsprachen, die in datenfluss-, kontrollfluss- und objektorientierte Ansätze unterteilt wird [TiGa07, 154ff; Gada05, 66ff; Sche02b, 1].

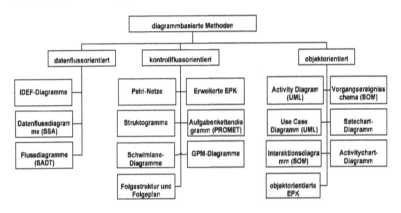

Abbildung 2-3; Übersicht über ausgewählte Diagrammsprachen, [TiGa07, 154]

In der Unternehmenspraxis ist die Methode der eEPK, die Anfang der 90er Jahre von Keller, Nüttgens und Scheer auf Grundlage von Petri-Netzen entwickelt wurde und die der graphischen Darstellung von Geschäftsprozessen dient, am meisten verbreitet [TiGai07, 156; Gada05, 82]. Die auch in dieser Arbeit zu Modellierung verwendeten eEPK zeichnen sich zum einen an einer eng an das betriebswirtschaftliche Fachverständnis angelehnten Sprache und zum anderen über eine exakte Ausgangsbasis für weitere formale computergestützte Umsetzungen aus. Halbformale Modellierungssprachen, wie Organigramme oder Netzpläne, waren in der Betriebswirtschaft bereits bekannt. In diesen werden lediglich zeitlich unabhängige, statische Regelungen wie Hierarchien oder Unternehmenstopologien betrachtet. Diese dienen der langen dominierten Betrachtung der

Aufbauorganisation. Die eEPK bildet hingegen zusammen mit dem ARIS Konzept einen Bezugsrahmen für eine systematische und ganzheitliche Geschäftsprozessmodellierung, welche den zeitlich logischen Ablauf von Funktionen darstellt. Ihre starke Verbreitung ist auch dadurch zu erklären, dass sie zentraler Bestandteil des SAP R/3 Systems ist. Der um das „e" erweiterte Begriff „eEPK" wurde eingeführt, da die ursprüngliche Notation nicht ausreichte, die Verbindungen in der ARIS-Steuerungssicht zu den Einzelsichten herzustellen. In Abbildung 2-4 sehen Sie eine Prinzipdarstellung einer eEPK [Sche02b, 2ff; Gada05, 147].

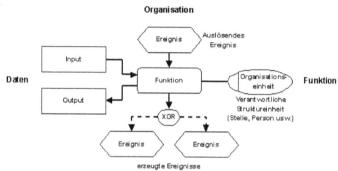

Abbildung 2-4; Prinzipdarstellung der erweiterten EPK, [Gada07, 216]

2.5.3 ARIS

„Computergestützte betriebswirtschaftliche Informationssysteme sind das Vehikel, um betriebswirtschaftliche Anwendungskonzepte mit der Informationstechnik zu verbinden" [Sche95, 4].

Zur ganzheitlichen Modellierung ist das von Scheer entwickelte Architektur integrierter Informationssysteme (ARIS) - Konzept und das Softwarepaket ARIS-Toolset im deutschsprachigen Raum weit verbreitet. Es „bildet ein Rahmenkonzept für die Einordnung von Beschreibungsverfahren aller Sichten und Ebenen des Life-Cycles" [Sche02a, 4]. Die ganzheitliche Be-

schreibung von ARIS teilt sich aus diesem Grund in die Beschreibungs-
sichten Daten-, Leistungs-, Organisations-, Funktions- und Steuerungs-
sicht, wobei letztere alle strukturellen Zusammenhänge und dynamischen
Aspekte zusammenfasst, sowie die hinsichtlich ihrer Nähe zur Informationstechnik strukturierten Beschreibungsebenen Fachkonzept, DV-Konzept
und Implementierung. Aufgrund der unterschiedlichen Einzelaspekte und
Zusammenhänge der Sichten kann keine einheitliche Beschreibungs-
sprache angewendet werden. Aus diesem Grund müssen auch verschie-
denartige problemspezifische Methoden wie die Datenmodellierung, Or-
ganigrammdarstellungen, Funktionsbeschreibungen und Produktstruktu-
ren eingesetzt werden. Das ARIS-Konzept ist somit ein allgemeiner Bezugsrahmen für die Geschäftsprozessmodellierung und stellt ebenen- und
sichtensspezifische Modellierungs- und Implementierungsmethoden bereit.
Dabei dient das Konzept der Komplexitätsreduzierung der Geschäftspro-
zessbeschreibung. [Sche02a, 4ff, 32ff; Gada05, 61ff, 113ff].

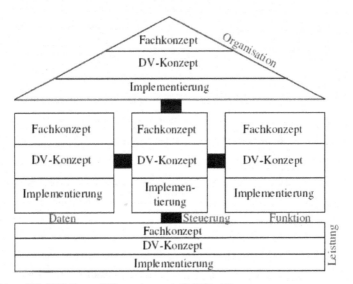

Abbildung 2-5; ARIS-Haus mit Phasenkonzept, [Sch02b, 41]

13

2.5.4 Modellierungsphasen

Die Realisierung betriebswirtschaftlicher Tatbestände mit Hilfe von IT wird im Allgemeinen durch Phasenmodelle beschrieben. Das folgende von Gadatsch beschriebene Modell zur Prozess- und Workflow-Modellierung, unterteilt sich in Teilzyklus (1), Teilzyklus (2) und Teilzyklus (3). [Sche95, 14; Gada07, 74ff].

Der Teilzyklus (1) umfasst die Geschäftsprozessmodellierung, -analyse und -restrukturierung sowie die Geschäftsstrategieentwicklung und ist somit ein Bestandteil der Modellierung von Abbildung 0-2 des praktischen Teils dieser Arbeit. Mit dem Ausgangspunkt, der Erhebung und Modellierung der Ist-Geschäftsprozessmodelle, lässt sich diese Phase in die strategische und fachlich-konzeptionelle Ebene der GPM Konzeption einordnen. In diesem Schritt werden unproduktive oder überflüssige Geschäftsprozesse und Organisationsstrukturen identifiziert. Die neu gestalteten Geschäftsprozesse werden als Soll-Geschäftsprozessmodelle formal beschrieben. Des Weiteren werden aktivitätsauslösende Schwellwerte für das Monitoring des Teilzyklus (3) anhand von Toleranzbereichen für Prozessführungsgrößen für die Workflow Instanzen vorgegeben. [Gada07, 75ff].

Mit der Genehmigung der Soll-Prozesse und dem damit verbundene Abschluss des Teilzyklus (1) ist die Gestaltung der Geschäftsprozesse auf der fachlich-konzeptionellen Ebene beendet und wird nun in dem Teilzyklus (2) bis auf die Workflow Ebene, wie die in dem praktischem Teil dieser Arbeit modellierten Geschäftsprozesse, verfeinert. Der erreichte Detaillierungsgrad soll in dieser Phase einerseits eine automatische Ausführung und andererseits eine simulationsbasierte Analyse der Workflows ermöglichen [Gada07, 75f].

Die Ausführung der Workflows und deren laufende Überwachung bilden den Anfang von dem Teilzyklus (3), welcher der operativen Ebene zuzuordnen ist. Je nach Abhängigkeit vom Grad der bei dem Monitoring fest-gestellten Abweichung der Prozessergebnisse erfolgt eine Rückkopplung zu den Vorgängerprozessen. Kleinere Abweichungen führen zu inkre-mentellen Änderungen und somit zu dem erneuten Durchlaufen des Teil-zyklus (2) zur Optimierung der Workflow Modelle. Größere Abweichungen deuten auf Modellierungsdefizite hin und können eine Re-Modellierung bzw. Rücksprung zu dem Teilzyklus (1) erforderlich machen [Gada07, 76f].

3 Unternehmensbeschreibung

Bei dem untersuchten Unternehmen handelt es sich um ein 4-Sterne-Hotel mit 135 Zimmern, in denen bis zu 269 Personen die Möglichkeit haben zu übernachten. Es besitzt zwei Restaurants, in denen jeweils 100 bzw. 80 Gäste bewirtet werden können, sowie 19 Veranstaltungsräume mit einer Fläche von 19m^2 bis 280m^2, in denen Tagungen und Bankettveranstal-tungen mit Buffet oder Menu ausgerichtet werden. Das Hotel ist ein Fran-chise-Nehmer und gehört einer internationalen Hotel Group mit ca. 80 Hotels an. Wie auf dem Organigramm in Abbildung 0-1 dargestellt, ist die Geschäftsleitung mit dem geschäftsführenden Direktor, wie das gesamte Hotel, dem Vorstand dieser Hotel Group unterstellt. Der Geschäftsleitung untergeordnet verfügt das Hotel über eine Food & Beverage Abteilung, welcher die Küche, dem Restaurant, dem Club Restaurant, das Bankett Veranstaltung, das Bankett Tagung sowie die Hotelbar übergeordnet ist. Daneben gibt es die Sales Abteilung, welcher der Bankettverkauf, der Bankettorganisation und der Reservierung vorgesetzt ist, die Finance & Accounting Abteilung, das Front Office, die Human Ressource Abteilung und das Housekeeping. Die Einkaufsabteilung, welche Thema dieser Ar-beit ist, ist mit der Technikabteilung der Finance & Accounting Abteilung fachlich und disziplinarisch unterstellt. Die Abteilung besteht aus dem Einkaufsleiter und einen Sachbearbeiter.

Die Optimierung beginnt auf der fachlich-konzeptionellen Ebene des Prozessmanagements mit der Abgrenzung des Unternehmensbereiches und der Prozessabgrenzung. In Abbildung 3-1 sind die ausgewählten und zu modellierenden Prozesse in einer Wertschöpfungskette abgebildet.

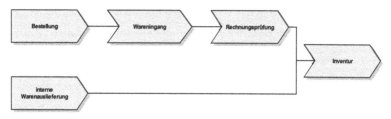

Abbildung 3-1; Wertschöpfungskette

4 Ist-Situation

4.1 Übersicht

Um einen Überblick über die Strukturierung der Geschäftsprozesse zu bekommen, bildet Abbildung 0-2 aus der fachlich-konzeptionellen Perspektive die zu optimierenden Prozesse in der Ist-Situation anhand einer eEPK ab. Die Prozessverweise werden in den folgenden Abschnitten beschrieben und als fallbezogenen Workflow mit der Modellierungsmethode eEPK in Abbildung 0-3 – 0-7 dargestellt.

4.2 Bestellung

Der Prozess der Bestellung beginnt mit der jeden Freitag für die kommende Woche von dem Bankett Büro erstellten und anschließend für jede Abteilung ausgedruckten „Function Sheet", auf denen alle geplanten Veranstaltungen mit Personenzahl, Dauer, Getränke und Speisen und der benötigten Veranstaltungstechnik vermerkt sind. Anhand dieser Daten, der geplanten Auslastung des Hotels, sowie des aktuellen Lagerbestandes erstellt der Einkaufsleiter jeweils Montags und Donnerstags die Bestellung

für Weine, Biere, Spirituosen und Softgetränke. Die benötigten Bürobe-
darfsprodukte wie z.b. Maus, Locher oder Bleistifte werden einmal in der
Woche Ad Hoc bei einem Bürobedarfhändler bestellt und anschließend von
dem Sachbearbeiter Einkauf ausgeliefert. Non-Food Produkte, wie Brief-
umschläge oder Briefpapier, sind individuelle Anfertigungen und werden
vom Einkaufsleiter je nach Lagerbestand in großen Mengen bestellt, da die
Lieferzeit für diese Produkte ca. 4 – 6 Wochen beträgt. Alle Bestellungen
werden in das IT-System eingegeben, per Fax abgeschickt und benötigen
vor Ausführung eine Genehmigung des Finance & Accounting Leiters. Bei
Nichterteilung der Genehmigung wird die Bestellung vom Einkaufsleiter
erneut komplett überprüft.

Die Food Bestellung wird vom Küchenchef ausgeführt, da entsprechendes
Fachwissen bei schnell verderblichen Produkten notwendig ist. Die Lie-
ferkontrolle wird hier von dem Küchenchef oder einem Koch durchgeführt.
Die Einkaufsabteilung ist hier nur für die Einbuchung der Bestellscheine in
das IT-System zuständig, sowie mit der Abgleichung der Rechnung des
Lieferanten.

4.3 Wareneingang

Der Prozess der Warenanlieferung beginnt mit der Lieferung der Ware
durch den Lieferanten und wird vom Sachbearbeiter der Einkaufsabteilung
geprüft. Bei fehlerhafter Lieferung werden die nicht gelieferten Waren dem
Einkaufsleiter gemeldet, der diese notiert, um bei der nächsten Bestellung
diese Ware erneut zu bestellen. Anschließend wird der korrigierte Lieferschein in das IT-System eingegeben. Bei korrekter Lieferung wird die Ware
vom Sachbearbeiter verräumt, sowie die nachbestellte Ware der Abteilung
ausgeliefert. Der Einkaufsleiter gibt anschließend den Lieferschein in das
IT-System ein.

4.4 Rechnungsprüfung

Nach Rechnungseingang wird diese mit dem im IT-System vorhandenen Lieferscheinen verglichen und vom Einkaufsleiter in das IT-System eingegeben. Sind die Daten nicht identisch, muss der Fehler korrigiert werden. Bei identischen Daten wird die Rechnung vom Einkaufsleiter am Front Office für die Finance & Accounting Abteilung abgelegt, welche später von einem Sachbearbeiter dieser Abteilung zur Bezahlung angewiesen wird.

4.5 Interne Warenauslieferung

Der Prozess der internen Warenauslieferung beginnt anhand einer handschriftlich angefertigten Warenanforderung einer Abteilung die am Front Office abgelegt und in unregelmäßigen Abständen von der Einkaufabteilung überprüft wird. Die quantitativ größten Warenmengen werden in der Regel am Abend vom Restaurant, dem Club – Restaurant, der Hotelbar, dem Tagungsbankett sowie dem Veranstaltungsbankett für den nächsten Tag angefordert. Die anderen nicht gastronomischen Abteilungen fordern unregelmäßig je nach Bedarf (hauptsächlich Non-Food Artikel und Bürobedarfsartikel) an.

Der Sachbearbeiter Einkauf stellt anhand der Warenanforderungen die benötigten Waren aus dem Zentrallager des Hotels für die Abteilungen zusammen und liefert diese aus. Produkte, die nicht lieferbar sind, werden notiert und vom Sachbearbeiter an den Einkaufsleiter weitergeleitet. Der berücksichtigt die fehlenden Produkte bei der nächsten. Die Abteilungsleiter oder Sachbearbeiter der jeweiligen Abteilung kontrollieren den Eingang der Ware nach quantitativen und qualitativen Mängeln. Anschließend werden vom Einkaufsleiter die Warenanforderungsscheine in das IT-System eingegeben.

Benötigt eine Abteilung, wie z.B. das Restaurant, unplanmäßig nicht am Vortag bestellte Ware zu einem Zeitpunkt, in der die Einkaufsabteilung nicht besetzt ist, muss der jeweilige Abteilungsleiter diese direkt aus dem Zentrallager entnehmen und einen handschriftlichen Warenanforderungsschein am Front Office für den Einkauf ablegen.

4.6 Inventur

Der Prozess der Inventur beginnt mit dem Ersten eines Monats, in dem alle Lagerbestände erfasst werden. Dabei werden vom Einkaufsleiter und dessen Sachbearbeiter alle Lagerbestände handschriftlich auf Listen vermerkt und anschließend vom Einkaufsleiter in das IT-System eingegeben. Das IT-System vergleicht die Soll-Bestände mit den eingegebenen Ist-Beständen und druckt eine Liste der Fehler aus, um falsch oder nicht verbuchte Ware den einzelnen Abteilungen je nach Verbrauch zuzuordnen und den aktuellen Bestand der Lager mit denen des IT-Systems abzugleichen. Der Einkaufsleiter verbucht jede Position bis die Daten identisch sind und die Inventur abgeschlossen ist.

5 Schwachstellenanalyse / Prozessanalyse

Im Folgenden werden die Prozesse auf mögliche Schwachstellen hin untersucht. Es wird unter anderem geprüft, ob auf Doppelarbeit oder unnötige Administration verzichtet werden kann, Prozesselemente vereinfacht, standardisiert oder automatisiert werden können oder die Arbeitsteilung zwischen Kunden und Lieferanten optimiert werden kann [Rieck97, 16].

Die Bestellung von Wein, Bier, Spirituosen und Softgetränken, sowie die Non-Food Bestellung wird manuell vom Einkaufsleiter geschrieben, obwohl die Daten im IT-System vorhanden sind.

Bei Bürobedarfs- und Non-Food-Artikeln herrscht oft Unklarheit in der Bezeichnung; Fehlbestellungen sind aufgrund dessen häufig.

19

Obwohl es sich bei den meisten Bestellungen um Routinebestellungen handelt, benötigt jede Bestellung eine Genehmigung des Finance & Accounting Leiters.

Rechnungen müssen manuell mit den Lieferscheinen verglichen werden. Im Anschluss passieren korrekte Rechnungen die Schnittstelle des Front Offices, bevor Sie vom Sachbearbeiter der Finance & Accounting Abteilung zu Bezahlung angewiesen werden. Sollte die Zahlungsfrist nicht eingehalten werden sind Verluste möglich.

Des Weiteren können Fehlbestellungen auftreten, weil die internen Warenanforderungen per Hand geschrieben werden und oft nicht lesbar sind. Da von einigen Abteilungen gelegentlich mehrere Warenanforderungen für eine Auslieferung vorliegen, können Fehler bei der Zusammenstellung der Lieferung auftreten.

Eine große Fehlerquelle ist das unplanmäßige Entnehmen von Ware aus dem Zentrallager. Da während des Servicegeschäfts häufig ein hoher Zeitdruck herrscht, werden Warenanforderung häufig falsch, unvollständig oder undeutlich ausgefüllt.

Während der Inventur ist die Übertragung der handschriftlich erfassten Daten eine große Fehlerquelle, da jede Abweichung des Soll-Bestandes vom Ist-Bestand manuell umgebucht wird.

Das Front Office dient als unnötige Schnittstelle zwischen der Einkaufsabteilung und den übrigen Abteilungen.

Durch die Kommunikation des Hotels mit dem Lieferanten per Telefon und Fax muss jede Bestellung separat ausgedruckt werden, Lieferscheine und Rechnungen werden manuell in das IT-System eingegeben, wodurch Übertragungsfehler entstehen können.

6 Optimierungsmodell

6.1 Übersicht

Die Zentrale Veränderung wird das Einrichten eines fallbezogenen Work-flow-Systems sein, welches die Bestellung automatisch generiert, die Rechnungsprüfung beschleunigt und die interne Warenauslieferung vereinfacht. Die Kommunikation wird in diesem Modell hauptsächlich elektronisch stattfinden, wodurch das manuelle Eingeben von Daten in das IT-System größtenteils entfällt. Zusätzlich werden Handscanner eingesetzt, um unplanmäßige Warenentnahmen und fehlerhafte Lieferungen zu buchen sowie das Erfassen der Lagerbestände für die Inventur zu erleichtern. Die neugestalteten Prozesse werden in den Abbildungen 0-8– 0-13 als eEPK modelliert dargestellt.

6.2 Bestellung

Der Prozess der Bestellung wird automatisiert; Das IT-System errechnet anhand eines implementierten Schlüssels, aus den Daten des „Function Sheet", der geplanten Auslastung des Hotels, sowie den aktuellen Lagerbestand den Bedarf an Wein, Bier, Spirituosen und Softgetränke. Dieser Bedarf wird dann mit dem gebuchten Lagerbestand des IT-Systems verglichen und die fehlende Ware dem Einkaufsleiter anhand einer Bestellung angezeigt. Dieser prüft die Bestellung auf Auffälligkeiten und sendet diese per Internet an die Lieferanten.

Da Routine-Bestellungen selten eine Bestellwert von 1000€ übersteigen, können diese nun ohne Genehmigung des Finance & Accounting Leiters gesendet werde. Ausnahmebestellungen über 1000€ bedürfen weiterhin einer Genehmigung.

21

6.3 Wareneingang

Bei dem Prozess des Wareneingangs prüft der Einkaufsleiter die Lieferung und bucht mit Hilfe eines Handscanners die eingegangene Ware in das IT-System, welche mit der Bestellung verglichen und gegebenenfalls nicht gelieferte Ware einer neuen Bestellung automatisch hinzufügt wird. Ware, die nachgeliefert wurde, wird der Auslieferungsliste automatisch hinzugefügt. Die Ware wird anschließend vom Einkaufsleiter in die Lager verräumt.

6.4 Rechnungsprüfung

Durch die Umstellung der Kommunikation von Telefon und Fax auf das Internet werden die elektronisch übermittelten Rechnungen nach Eingang vom IT-System mit den Lieferscheinen verglichen und bei identischen Daten sofort bezahlt, so dass Skontofristen optimal eingehalten werden können. Fehler werden dem Einkaufsleiter angezeigt, der diese dann manuell korrigiert.

6.5 Interne Warenanforderung

Die Warenanforderungen des Restaurants, Club Restaurants, des Tagungsbanketts, des Veranstaltungsbanketts sowie der Hotelbar werden automatisiert; jede Abteilung kann über eine Maske die benötigten Produkte wählen. Das Computersystem prüft sofort die Verfügbarkeit im Zentrallager und fügt bei Bedarf fehlende Produkte der nächsten Bestellung an.

Fehler aufgrund von schlechten Handschriften sowie Verlustzeiten durch Ablage am Front Office fallen weg.

Eine strukturierte Auslieferungsliste wird aus allen Warenanforderungen generiert und steht dem Einkaufsleiter zur Verfügung.

Für die Bürobedarf- und Non-Food-Produkte wird im IT-System eine Maske für jede Abteilung angelegt, in der die Produkte zur einfachen Identifizierung mit Bildern versehen sind und bei Bedarf ausgewählt werden können. Der Computer generiert einmal in der Woche aus diesen Daten eine Bestellung, die der Einkaufsleiter auf Auffälligkeiten hin überprüfen muss. Anschließend wird diese Bestellung per email abgeschickt.

Unplanmäßige Warenentnahmen können nun mit Hilfe des Scanners schnell und fehlerfrei ablaufen, indem die Person, welche Ware entnimmt, die Ware scannt und die dann automatisch auf die Abteilung verbucht wird.

6.6 Inventur

Durch Einsetzen von Handscannern bei der Ist-Bestand Erfassung der Lager wird dieser direkt ohne Schnittstelle in das IT-System übertragen. Das IT-System vergleicht die Ist-Bestände mit den Soll-Beständen und korrigiert anhand eines Schlüssels häufige Fehler. Vom IT-System nicht zuzuordnenden Differenzen werden dem Einkaufsleiter angezeigt, so dass er diese manuell umbucht. Die Inventur wird durch diese Maßnahmen erheblich beschleunigt und kann noch am ersten des Monats abgeschlossen werden.

7 Auswertung

Das gemeinsame Ziel aller unterschiedlichen Modelle des GPM sind immer die Neugestaltung oder Verbesserung der Arbeitsabläufe zur nachhaltigen Verbesserung der Wettbewerbsfähigkeit des Unternehmens durch die Ausrichtung der wesentlichen Arbeitsabläufe an die internen und externen Kundenanforderungen. Dieses gelingt umso besser, je stärker der übergreifende Geschäftsprozess in überschaubare Unterprozesse herunter gebrochen wird. Dieses zeigt sich auch an der Analyse einer Einkaufsabteilung eines Unternehmens.

Besonders im Hinblick auf den in der Einleitung thematisierten zunehmenden Konkurrenzdruck wird deutlich, dass auch die in Abschnitt 2.3 vorgestellten Unterstützungsprozesse, wie die der Einkaufsabteilung für den Erfolg eines Unternehmens wichtig sind.

Die Analyse dieser Prozesse ergibt, dass in der aktuellen Situation viele Prozesse durch Doppelarbeit behindert und verkompliziert werden sowie die Kommunikation zwischen Lieferanten und Hotel, welche per Fax und Post stattfindet, optimierungsfähig ist. Viele Prozesse, die von Menschen ausgeführt werden, können mit einem IT-System automatisiert und standardisiert werden, was eine schnellere, effizientere und fehlerfreiere Bearbeitung möglich macht. In den Modellierungsmodellen im Anhang wird die in dem Optimierungsmodell zunehmende Unterstützung des IT-System graphisch sehr deutlich.

Auf der Basis dieses Modells kann das Hotel jetzt weitere Planungen vornehmen und Kosten im Einkauf einsparen.

Die Optimierung und die so ermöglichte Ausschöpfung von Verbesserungspotenzial darf allerdings keine einmalige Aktion bleiben, denn im Laufe der Zeit bringt nur der in sich geschlossene Kreislauf, wie in Abschnitt 2.5.4 in Teilzyklus (3) beschrieben, nachhaltige und dauerhafte Verbesserung. In diesem Schritt wären auch weitere Verbesserungen und Anpassungen des Workflow System sinnvoll. Es wäre z.B. sinnvoll, die Grenze, bei der eine Bestellung eine Genehmigung des Finance & Accounting Leiters benötigt, individuell für jede Abteilung und jeden Lieferanten festzulegen.

Literaturverzeichnis

[Öste95]
  Österle, H.:Business Engineering, Prozeß- und Systementwicklung, Band 1 Entwurfstechniken, Sringer- Verlag, Heidelberg, 1995

[HaCh94]
  Hammer, M.;Champy, J.: Business Reengineering, die Radikalkur für das Unternehmen, Campus Verlag, Frankfurt/ New York, 1994

[Sche02a]
  Scheer, A.-W.:ARIS in der Praxis: Gestaltung, Implementierung und Optimierung von Geschäftsprozessen, Springer Verlag, Berlin, 2002

[Sche02b]
  Scheer, A.-W.: ARIS – vom Geschäftsprozess zum Anwendungssystem, Springer Verlag, Berlin, 2002

[Sche03]
  Scheer, A.-W.: Change Management im Unternehmen: Prozessveränderungen erfolgreich managen, Springer Verlag, Berlin 2003

[Seid02]
  Seidlmeier, H.: Prozessmodellierung mit ARIS : eine beispielorientierte Einführung für Studium und Praxis, Vieweg Verlag, Braunschweig 2002

[Leis06]
  Leistert, O.: Führungskoordinierendes Geschäftsprozesscontrolling, Kovač Verlag, Hamburg, 2006

[OsFr06]
  Osterloh, M.; Frost, J.: Prozessmanagement als Kernkompetenz: Wie Sie Business Reengineering strategisch nutzen können, Gabler Verlag, Wiesbaden, 2006

[Gada05]
  Gadatsch, A.: Grundkurs Geschäftsprozess-Management: Methoden und Werkzeuge für die IT-Praxis; eine Einführung für Studenten und Praktiker, Vieweg Verlag, Wiesbaden, 2005

[Gada07]
Gadatsch, A.: Grundkurs Geschäftsprozess-Management: Methoden und Werkzeuge für die IT-Praxis; eine Einführung für Studenten und Praktiker, Vieweg Verlag, Wiesbaden, 2008

[Cham95]
Champy, J.: Reengineering im Management. Radikalkur für die Unternehmensführung, Campus Verlag, Frankfurt/ New York, 1995

[HaNe05]
Hansen,H.-R.; Neumann,G.: Wirtschaftsinformatik 1: Grundlagen und Anwendungen, Lucius & Lucius Verlag, Stuttgart, 2005

[ScSe04]
Schmelzer, H.J.; Sesselmann, W.: Geschäftsprozessmanagement in der Praxis: Produktivität steigern – Wert erhöhen – Kunden zufrieden stellen, Hanser Verlag, München/ Wien, 2004

[OlSt03]
Olfert, K.; Steinbuch, A.: Organisation, F. Kiehl Verlag GmbH, Ludwigshafen, 2003

[NiPi96]
Nippa, M.; Picot, A.: Prozeßmanagement und Reengineering. Die Praxis im deutschen Raum. Das Erfolgsrezept von Hammer/ Champy auf dem Prüfstand, Campus Verlag, Frankfurt/ New York, 1996

[TiGa07]
Tiemeyer,E.; Gadatsch, A.: Betriebswirtschaft für Informatiker und IT- Experten, Elsevier Verlag, München, 2007

[LaLi05]
Laux, H.; Liermann, F.: Grundlagen der Organisation, Die Steuerung von Entscheidungen als Grundproblem der Betriebswirtschaft, Springer Verlag, Berlin/ Heidelberg, 2005

[Rieck97]
Rieckhoff, H.-Ch.: Beschleunigung von Geschäftsprozessen. Wettbewerbsvorteile durch Lernfähigkeit, Würth/ Stuttgart, 1997

[Hamb07a]
Hamburg Tourismus GmbH: Hamburg-Tourismus, Zahlen, Fakten, Trends 2006, Hamburg Tourismus GmbH, Hamburg, 2007

26

[HaNe02]
  Hansen,H.-R.; Neumann,G.: Arbeitsbuch Wirtschaftsinformatik,
  IT-Lexikon, Aufgaben, Lösungen, Lucius & Lucius Verlag, Stuttgart,
  2002

[Sche95]
  Scheer, A.-W.: Wirtschaftsinformatik: Referenzmodelle für indus-
  trielle Geschäftsprozesse, Springer Verlag, Berlin/ Heideblerg 1995

[Hamb07b]
  Hamburg Tourismus GmbH: Hotelprojekte in Hamburg (September
  2007).
  http://www.hambur-tourismus.de/business-presse/zahlen-fakten/tou
  rismusmonitor-hamburg/hotelprojekte/, 6. Dez. 2007

Anhang

Abbildung 0-1 Organigramm

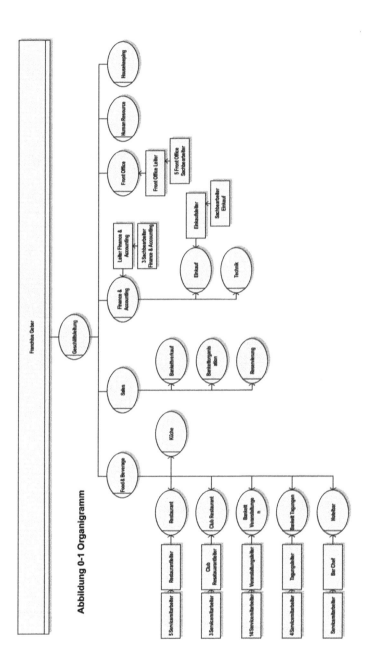

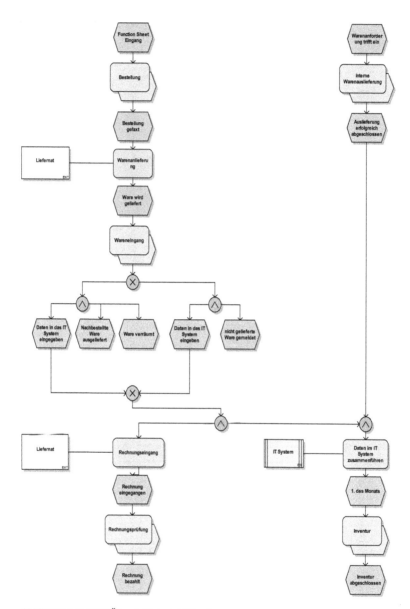

Abbildung 0-2; eEPK Übersicht der Ist-Situation

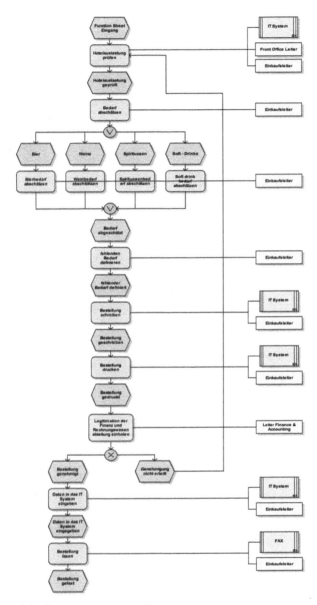

Abbildung 0-3; eEPK Bestellung der Ist-Sitation

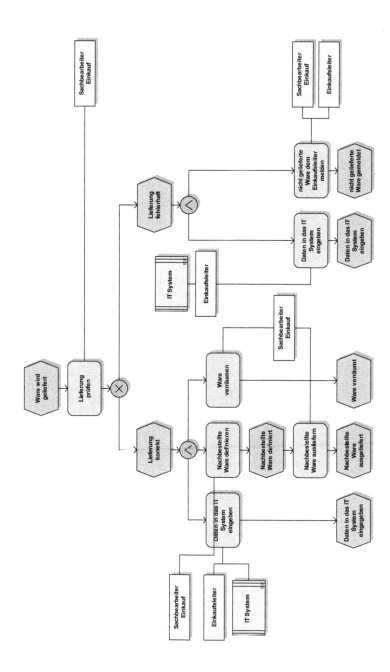

Abbildung 0-4; eEPK Wareneingang der Ist-Situation

32

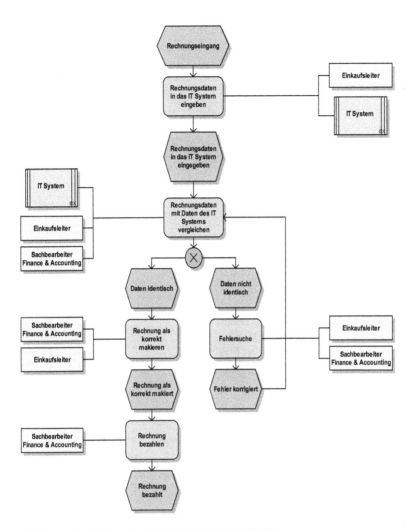

Abbildung 0-5; eEPK der Rechnungsprüfung der Ist-Situation

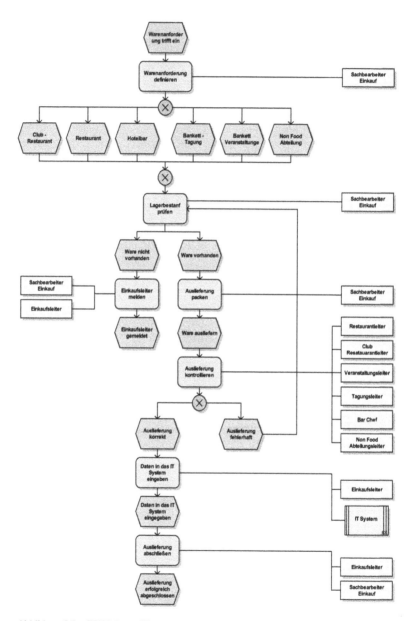

Abbildung 0-6; eEPK interne Warenauslieferung der Ist-Situation

34

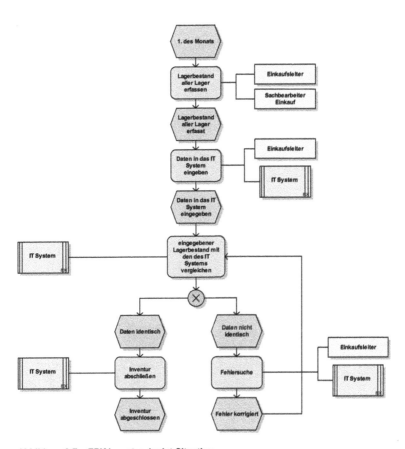

Abbildung 0-7; eEPK Inventur der Ist-Situation

35

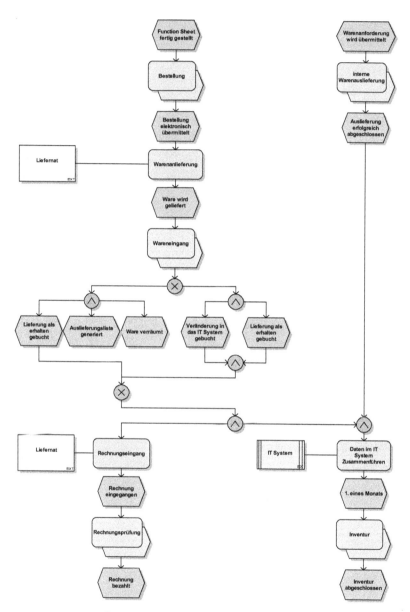

Abbildung 0-8; eEPK Übersicht der Optimierung

36

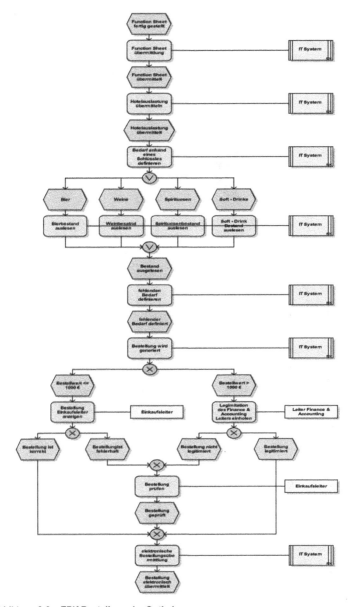

Abbildung 0-9; eEPK Bestellung der Optimierung

Abbildung 0-10; eEPK Wareneingang

der Optimierung

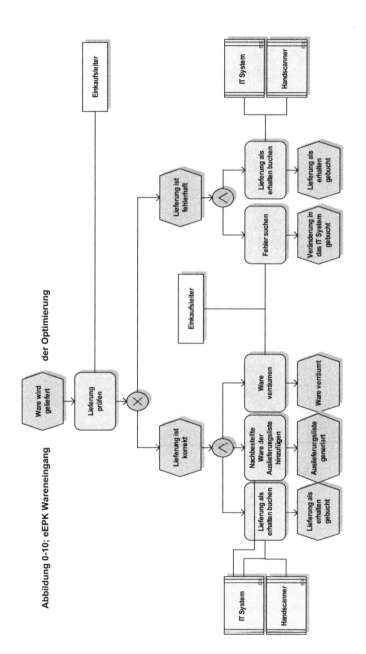

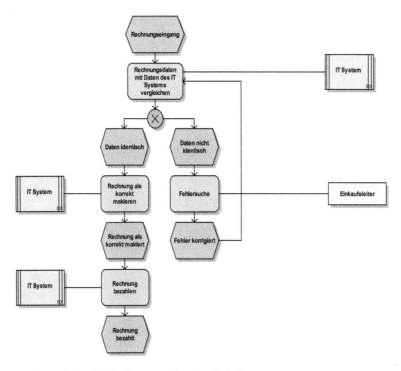

Abbildung 0-11; eEPK Rechnungsprüfung der Optimierung

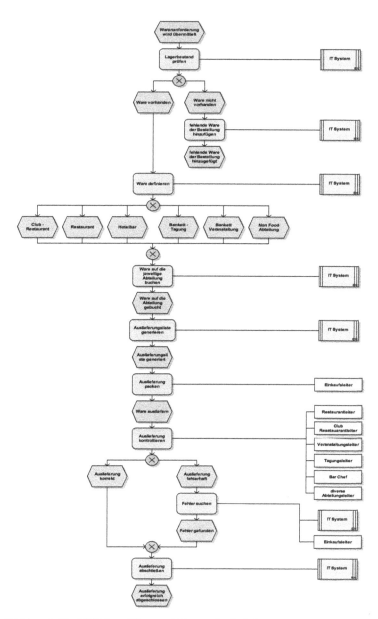

Abbildung 0-12; eEPK interne Warenauslieferung der Optimierung

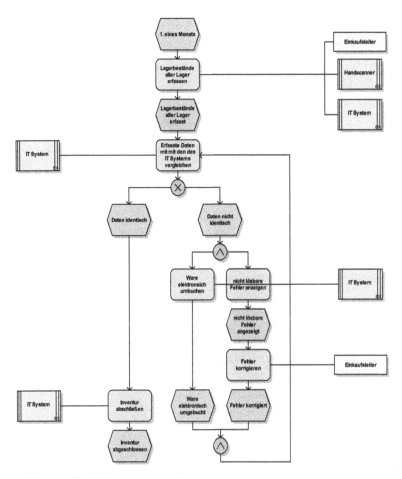

Abbildung 0-13; eEPK Inventur der Optimierung